Abuela

Quiero

Escuchar tu

Historia

Publicado por Midsummer Bloom Books
1621 Central Ave, Cheyenne, WY 82001, EE. UU.

Primera edición: junio de 2025
Impreso en los Estados Unidos de América

Índice

Tus Historias Son Tesoros Familiares

¿Conoces ese momento especial cuando tus nietos se reúnen a tu alrededor con los ojos brillando de asombro? Tal vez sucede en tu cocina mientras les enseñas a hacer esas galletas que nadie puede igualar del todo, o cuando ven una foto antigua que te hace sonreír. Esos momentos preciosos en los que descubren que la abuela no siempre fue abuela: eso es pura magia.

Mira, este libro no es solo papel y encuadernado. Es un cofre del tesoro para todos esos recuerdos que llevas contigo: cómo era la vida cuando eras joven, las tradiciones que tu madre te enseñó y que tú has pasado adelante, los cambios que has presenciado mientras el mundo se transformaba a tu alrededor. Historias sobre crecer en una época en la que las familias se reunían para ver programas de televisión por las noches, cuando las llamadas telefónicas se hacían desde teléfonos con cable instalados en las paredes de la cocina, y cuando las comidas compartidas entre vecinos eran lo más destacado del verano.

Claro, te conocen como la abuela: la que prepara las mejores cenas navideñas, la que siempre tiene tiempo para una historia más, la que da los abrazos más cálidos. ¡Pero has vivido tiempos increíbles! Desde recortar cupones de periódico hasta las compras en línea, desde las líneas compartidas de teléfono hasta las videollamadas: has visto al mundo cambiar de maneras que parecen casi mágicas para tus nietos.

Escribe todo aquí: tus aventuras de infancia, tu primer baile, cómo conociste al abuelo, criar a tus propios hijos, y la sabiduría que has reunido a lo largo del camino. No te preocupes por la caligrafía perfecta o la gramática correcta. Lo que importa es el corazón detrás de las palabras.

Tómate tu tiempo, no hay prisa. Llena estas páginas con los recuerdos que te dieron forma, las lecciones que te enseñó la vida, las historias de amor y los momentos difíciles que te hicieron fuerte. Porque algún día, cuando sean mayores, tus nietos encontrarán más que solo historias aquí: encontrarán sus raíces.

Entonces, ¿qué dices, abuela? ¿Lista para compartir tu viaje? El legado de tu familia está esperando ser escrito, y tus nietos no pueden esperar para aprender sobre la mujer extraordinaria detrás de su querida abuela.

Cómo Usar Este Libro

Esta es tu historia: no hay un orden que seguir ni reglas que cumplir. Elige cualquier pregunta que despierte un recuerdo y comienza a escribir. Salta de una a otra, vuelve más tarde o detente en los momentos que más signifiquen para ti.

Recuerda, estas preguntas son solo puertas a tus memorias. Tus respuestas pueden llevarte por caminos inesperados, y eso está perfectamente bien. Este libro no trata de escribir perfecto, sino de capturar tu viaje único con tu propia voz.

En tu cocina, donde florecen los recuerdos,

En tus historias que iluminan cada rincón,

A través de la sabiduría en tu dulce sonrisa,

Fluyen cuentos que se extienden por millas y millas.

De niña a mujer fuerte y libre,

A madre, y ahora la guardiana de nuestro árbol familiar.

Comparte con nosotros, querida abuela, tu precioso pasado,

Haz que estos recuerdos atesorados perduren.

1

Días Pasados

¡Abuela, cuéntanos cómo era tu vida de niña! ¿Cómo era crecer sin todos nuestros aparatos y juegos? Queremos saber sobre tus aventuras en un mundo tan diferente al nuestro.

Hogar de la Infancia

Tus primeros recuerdos tomaron forma dentro de las paredes de tu hogar de infancia. ¿Qué lugares y espacios definieron tu primera idea de «hogar» y qué rincones de ese mundo aún viven vívidamente en tu memoria?

1. ¿Cómo era tu casa de infancia y qué habitaciones recuerdas con más claridad?

2. ¿Qué sonidos o aromas asocias con tu hogar de la infancia?

3. ¿Cómo estaban organizados los espacios para dormir o vivir?

Retratos Familiares

Antes de ser nuestra abuela, fuiste una niña con tu propia famil-
ia. ¿Quiénes fueron las personas importantes en tu infancia y cómo
ayudaron a formar a la persona increíble que llegarías a ser?

1. ¿Quiénes eran los miembros clave de tu familia cuando eras niña?

2. ¿Cómo eran tus padres y qué hacían en casa o en su trabajo?

3. ¿Qué familiares mayores (abuelos, tías, tíos) tuvieron la mayor influencia en tu infancia?

Un Día en Tu Vida

¡Nos cuesta imaginar cómo era tu rutina diaria de niña! ¿Cómo era un día típico para ti, desde la mañana hasta la hora de dormir? Cuéntanos sobre tus responsabilidades y cómo tu horario era diferente al nuestro.

1. ¿Cómo era un día típico entre semana para ti de niña?

2. ¿Qué tareas o responsabilidades se esperaban de ti regularmente?

3. ¿Cómo eran diferentes los días entre semana de los fines de semana?

Juegos de Infancia

Abuela, ¿qué hacías para divertirte antes de que existieran los videojuegos y las tabletas? ¿Qué juegos y juguetes llenaban tus días de emoción y cuáles eran tus favoritos?

1. ¿Cuáles eran tus juegos favoritos cuando eras niña?

2. ¿Qué juguetes tenías y cuáles eran los más preciados para ti?

3. ¿Cómo jugabas al aire libre con tus amigos?

Recuerdos Escolares

Tus días de escuela deben haber sido muy diferentes a los nuestros. Cuéntanos sobre tu salón de clases, tus maestros y cómo era ser estudiante cuando tenías nuestra edad.

1. ¿Cómo era el edificio de tu escuela y cómo estaban organizadas las aulas?

2. ¿Qué útiles escolares usabas y qué llevabas en tu mochila?

3. ¿Qué pasaba cuando los niños se portaban mal en la escuela?

Comidas Familiares

Las comidas unen a las familias a través de las generaciones. ¿Cómo era la hora de la cena en tu hogar de infancia? Nos encantaría saber sobre los alimentos favoritos y los platos especiales que se servían en tu mesa familiar.

1. ¿Qué alimentos se servían comúnmente en tu casa y quién preparaba las comidas?

2. ¿Qué reglas existían durante la comida en tu familia?

3. ¿Qué herramientas de cocina o métodos de cocción recuerdas que se usaran para preparar la comida?

Estaciones de la Infancia

Cada estación traía actividades y sentimientos especiales. ¿Cómo cambiaba tu vida a lo largo del año al cambiar las estaciones? ¿Qué época del año esperabas con más ilusión?

1. ¿Cómo cambiaban tus actividades diarias de una estación a otra?

2. ¿Qué alimentos, tareas o tradiciones marcaban las diferentes épocas del año?

3. ¿Qué estación esperabas con más ansias y qué la hacía especial?

Antes de la Tecnología

¡Nos cuesta imaginar la vida sin nuestros aparatos! ¿Cómo se comunicaban las personas, trabajaban y se divertían cuando crecías sin toda la tecnología que tenemos hoy?

1. ¿Cuál fue el primer dispositivo o electrodoméstico moderno que tuvo tu familia?

2. ¿Cómo se comunicaban con amigos y familiares que vivían lejos?

3. ¿Cómo obtenía tu familia noticias y entretenimiento antes de la tecnología moderna?

El Vecindario

Los vecinos solían ser como una familia extendida. Cuéntanos sobre tu vecindario cuando eras niña y las personas que vivían a tu alrededor. ¿Quiénes hacían que tu comunidad fuera especial?

1. ¿Qué tan bien conocías a tus vecinos y cómo interactuaban entre sí?

2. ¿Dónde se reunían las personas en tu vecindario?

3. ¿Quiénes eran las personas memorables en tu vecindario?

Aventuras de Infancia

¡Cada niña tiene aventuras secretas! ¿Qué exploraciones y descubrimientos hiciste que te emocionaron o incluso te hicieron sentir que estabas rompiendo las reglas? Queremos saber sobre tus momentos más valientes de infancia.

1. ¿Qué lugares exploraste que te emocionaban o que sentías prohibidos de niña?

2. ¿Cuál fue la cosa más aventurera que hiciste durante tu infancia?

3. ¿Qué áreas naturales, escondites especiales o lugares interesantes descubriste cerca de tu casa?

Celebraciones Especiales

Las fiestas y celebraciones crean nuestros recuerdos más brillantes de la infancia. ¿Qué días especiales celebraba tu familia y qué tradiciones los hacían mágicos?

1. ¿Qué fiestas eran las más importantes para tu familia y cómo las celebraban?

2. ¿Qué tipo de tradiciones de cumpleaños u ocasiones especiales celebraba tu familia?

3. ¿Qué alimentos, decoraciones o actividades eran parte de las celebraciones familiares?

2

Creciendo Alas

¿Cómo fue ser adolescente, abuela? Tenemos curiosidad por saber sobre tu primer amor, los bailes escolares y cómo descubriste quién querías ser cuando los adultos no estaban mirando.

Moda Adolescente

Abuela, ¿cuál era el look de moda cuando eras adolescente? Cuéntanos sobre la ropa, los peinados y los accesorios imprescindibles que eran populares en tu época. ¡Queremos imaginarte como una adolescente estilosa!

1. ¿Qué estilos de ropa eran populares cuando eras adolescente?

2. ¿Cómo te peinabas y qué rutinas de belleza seguían las chicas?

3. ¿Qué objetos o accesorios eran imprescindibles durante tu adolescencia?

Círculos de Amistad

Las amistades que hacemos como adolescentes a menudo moldean quiénes somos. ¿Quiénes eran tus amigos más cercanos durante esos años y qué hacían juntos para divertirse?

1. ¿Quiénes eran tus amistades más cercanas durante tu adolescencia?

2. ¿Dónde y cómo socializaban los adolescentes en tu época?

3. ¿Qué actividades disfrutabas hacer con tus amigos?

Días de Preparatoria

La preparatoria no solo era para aprender: ¡era todo un pequeño mundo! ¿Cómo era tu escuela, desde las experiencias en el aula hasta los grupos sociales y los eventos que todos esperaban con ansias?

1. ¿Cómo era tu escuela preparatoria y cómo estaba organizada?

2. ¿Qué actividades escolares, clubes o deportes eran populares en tu época?

3. ¿Qué tradiciones o eventos escolares eran los más esperados cada año?

Creciendo con Independencia

La adolescencia trae emocionantes nuevas libertades. ¿Qué privilegios ganaste a medida que crecías y qué aventuras viviste cuando empezaste a salir por tu cuenta?

1. ¿Cuándo te permitieron salir sin supervisión de adultos y a dónde fuiste?

2. ¿Cómo ganabas tu propio dinero y en qué lo gastabas?

3. ¿Qué responsabilidades vinieron con tu creciente independencia?

Diversión en el Tiempo Libre

Entre la escuela y las tareas, los adolescentes necesitan tiempo para ser ellos mismos. ¿Qué pasatiempos y actividades disfrutabas cuando tenías tiempo libre, y cómo te ayudaron a convertirte en quien eres?

1. ¿Qué pasatiempos o actividades recreativas disfrutabas como adolescente?

2. ¿Qué libros, revistas u otros materiales de lectura eran populares entre tus compañeros?

3. ¿Qué actividades al aire libre o deportes practicabas durante tu adolescencia?

Recuerdos Musicales

Cada generación tiene su propia banda sonora. ¿Qué canciones y artistas llenaban tu mundo adolescente y cómo disfrutabas de tu música favorita antes de las descargas y el streaming?

1. ¿Qué música era popular cuando eras adolescente?

2. ¿Cómo escuchabas música y cómo descubrías nuevas canciones o artistas?

3. ¿Qué músicos o canciones eran especiales para ti?

Momentos de Crecimiento

Ciertas experiencias marcan nuestro camino hacia la adultez. ¿Qué momentos o eventos te hicieron sentir que realmente estabas creciendo y convirtiéndote en tu propia persona?

1. ¿Qué eventos o experiencias te hicieron sentir que te estabas convirtiendo en adulta?

2. ¿Qué decisiones importantes tomaste de manera independiente durante tu adolescencia?

3. ¿Qué responsabilidades o desafíos te ayudaron a madurar en esta etapa?

Sueños por Delante

Como adolescentes, todos imaginamos nuestras vidas futuras. ¿Qué sueños y planes tenías para tu vida cuando eras joven? ¿Qué tipo de persona esperabas llegar a ser?

1. ¿Qué metas de carrera o de vida tenías como adolescente?

2. ¿Qué pasos diste hacia tus metas durante tu adolescencia?

3. ¿Qué adultos o mentores influyeron en tu forma de pensar sobre tu futuro?

Tendencias Juveniles

Cada generación tiene sus modas que parecen tan importantes en ese momento. ¿Qué locuras, palabras de moda o actividades populares marcaron tu adolescencia?

1. ¿Qué modas o tendencias fueron populares durante tu adolescencia?

2. ¿Qué términos o expresiones eran comunes entre los adolescentes de tu generación?

3. ¿Qué películas, programas de televisión u otros entretenimientos seguían fielmente los jóvenes?

Descubriéndote a Ti Misma

La adolescencia es cuando comenzamos a descubrir quiénes somos realmente. ¿Cómo empezaste a desarrollar tus propios valores y perspectivas, separándote de lo que te enseñaron?

1. ¿Qué creencias o valores comenzaste a formarte de manera independiente como adolescente?

2. ¿Qué experiencias desafiaron los valores con los que fuiste criada?

3. ¿Qué fortalezas personales o talentos descubriste durante tu adolescencia?

Hitos de la Adolescencia

Ciertos logros marcan nuestro progreso durante la adolescencia. ¿Qué logros o "primeras veces" de tus años de adolescente recuerdas como especialmente memorables o significativos?

1. ¿Qué logros académicos o extracurriculares te enorgullecieron más como adolescente?

2. ¿Qué primeras veces recuerdas claramente de tus años de adolescencia?

3. ¿Cuáles fueron los momentos más importantes de tu adolescencia?

3

Primer Vuelo

Abuela, ¿cómo fue cuando dejaste tu hogar por primera vez? Queremos escuchar todo sobre tus aventuras antes de formar nuestra familia: los lugares que visitaste y los sueños que perseguiste.

Dejando el Nido

Dar esos primeros pasos hacia una vida independiente marca un verdadero punto de inflexión. Cuéntanos sobre cuándo te aventuraste por tu cuenta: la emoción, los desafíos y ese nuevo sentido de libertad.

1. ¿Cómo y cuándo dejaste el hogar familiar por primera vez?

2. ¿Qué fue lo que más te sorprendió de vivir de manera independiente por primera vez?

3. ¿Qué habilidades del hogar ya tenías o aprendiste rápidamente?

Primeros Trabajos

Esas primeras experiencias laborales nos enseñan mucho sobre no-
sotras mismas. ¿Cómo fue tu primer trabajo real y cómo moldeó tu
comprensión del mundo laboral?

1. ¿Cuál fue tu primer trabajo real y cómo lo conseguiste?

2. ¿Qué habilidades o capacitación necesitaste para tus primeros trabajos?

3. ¿Cómo era un día típico de trabajo en tu primer empleo?

Tu Primer Lugar

Nada se compara con tener tu propio espacio por primera vez. ¿Cómo era tu primer apartamento o casa y cómo lo hiciste sentir como tuyo?

1. ¿Cómo era tu primer apartamento o casa propia?

2. ¿Cómo amueblaste o decoraste tu primer espacio?

3. ¿Quiénes eran tus vecinos o compañeros de cuarto, si los tuviste?

Aprendiendo Sobre el Dinero

Manejar tus propias finanzas es una de las mayores lecciones de la adultez. ¿Cómo manejaste tu dinero cuando viviste sola por primera vez y qué realidades financieras enfrentaste?

1. ¿Cómo administraste tu dinero al vivir de manera independiente por primera vez?

2. ¿En qué ahorraste para comprar y cuáles eran tus prioridades?

3. ¿Qué desafíos financieros enfrentaste en tus primeros años como adulta?

Desarrollando Habilidades de Vida

La adultez joven es cuando desarrollamos muchas habilidades prácticas que nos sirven toda la vida. ¿Qué habilidades importantes aprendiste durante estos años que resultaron más valiosas?

1. ¿Qué habilidades importantes desarrollaste durante tus primeros años de adultez?

2. ¿Cómo aprendiste estas habilidades?

3. ¿Qué te hubiera gustado haber aprendido antes?

Explorando Nuevos Lugares

La adultez joven a menudo trae oportunidades para ver más del mundo. ¿Qué lugares exploraste durante esta etapa de tu vida y cómo te cambiaron estas experiencias?

1. ¿Qué lugares viajaste o exploraste durante tus primeros años de adultez?

2. ¿Qué motivó tus viajes o mudanzas durante este tiempo?

3. ¿Qué descubrimientos o experiencias de tus viajes dejaron un impacto duradero?

Amistades de la Adultez

Las amistades a menudo cambian mientras establecemos nuestras vidas adultas. ¿Cómo evolucionaron tus círculos sociales durante tus primeros años de independencia y quién se volvió importante para ti?

1. ¿Cómo cambiaron tus amistades al entrar en la adultez?

2. ¿Dónde y cómo conociste nuevas amistades durante este período?

3. ¿Qué actividades o intereses te conectaron con otras personas?

Encontrando Tu Camino

Descubrir un trabajo significativo y un propósito es una de las grandes búsquedas de la vida. ¿Cómo comenzaste a descubrir lo que querías hacer durante estos años formativos?

1. ¿Cómo descubriste qué tipo de trabajo o actividades te daban un sentido de propósito?

2. ¿Qué aspiraciones o ambiciones guiaron tus elecciones durante estos años?

3. ¿Qué se esperaba que hicieran las mujeres en esa época y cómo te sentías al respecto?

Enfrentando Desafíos

La independencia temprana inevitablemente trae obstáculos que superar. ¿Qué desafíos significativos enfrentaste como joven adulta y cómo encontraste tu camino a través de ellos?

1. ¿Qué dificultades enfrentaste en tus primeros años de adultez?

2. ¿Cómo superaste o te adaptaste a estos desafíos?

3. ¿Qué recursos o sistemas de apoyo te ayudaron en los momentos difíciles?

Influencias Importantes

Ciertas personas nos guían mientras encontramos nuestro camino. ¿Quiénes fueron los mentores o figuras influyentes en tus primeros años de adultez y qué sabiduría compartieron contigo?

1. ¿Quiénes fueron las personas más influyentes en tus primeros años de adultez?

2. ¿Qué orientación o ayuda práctica te brindaron estos mentores?

3. ¿Cómo conociste a las personas que te ayudaron a guiarte?

Decisiones que Cambian la Vida

Al mirar atrás, a menudo podemos identificar las decisiones que moldearon todo lo que siguió. ¿Qué decisiones importantes tomaste durante tus primeros años de adultez que marcaron el rumbo de tu vida?

1. ¿Qué decisiones importantes tomaste durante tus primeros años de adultez?

2. ¿Cómo tomabas grandes decisiones en esa época?

3. ¿Qué otros caminos consideraste tomar?

4

Corazón con Corazón

¿Cómo conociste al abuelo? Nos encanta escuchar tu historia de amor, desde la primera vez que se vieron hasta decidir que construirían una vida juntos. ¡Cuéntanos qué hizo que tu corazón latiera más rápido!

Primer Encuentro

Cada historia de amor tiene ese primer capítulo especial. ¿Cuándo se cruzaron por primera vez tu camino y el del abuelo, y qué recuerdas de ese momento en el que conociste a una persona que se volvería tan importante en tu vida?

1. ¿Dónde y cuándo conociste al abuelo por primera vez?

2. ¿Quién los presentó o cómo se cruzaron sus caminos?

3. ¿Cuál fue tu primera impresión de él?

Días de Citas

Antes de las campanas de boda y los apellidos compartidos, llega ese tiempo mágico de conocerse. ¿Cómo eran sus citas en esos días y cómo se desarrollaba el romance en aquel entonces?

1. ¿Cómo eran las citas típicas durante su período de noviazgo?

2. ¿Cómo se comunicaban entre citas en esa época?

3. ¿Qué actividades o lugares disfrutaban juntos tú y el abuelo mientras salían?

Eligiendo Para Siempre

Llega un momento en el que la amistad se convierte en algo destinado a durar toda la vida. ¿Cómo supiste que el abuelo era la persona con la que querías compartir tu vida?

1. ¿Cuánto tiempo salieron antes de decidir casarse?

2. ¿Cómo supiste que el abuelo era la persona con la que querías pasar tu vida?

3. ¿Hubo una propuesta formal? Si es así, ¿cómo sucedió?

Recuerdos de Boda

El día de tu boda marcó el comienzo oficial de su vida juntos. ¿Cómo fue ese día tan especial, desde tu vestido hasta la celebración y los momentos que tal vez no salieron como se planeó?

1. ¿Cuándo y dónde se llevó a cabo tu boda?

2. ¿Cómo era tu vestido de novia y cómo lo elegiste?

3. ¿Qué momentos memorables o imprevistos ocurrieron durante tu día de boda?

Recién Casados

Los primeros días de matrimonio traen tanto alegría como ajustes, ya que dos vidas se combinan en una. ¿Qué destaca de tus primeros días como recién casada y cómo cambió tu vida después de casarte?

1. ¿Dónde vivían cuando recién se casaron?

2. ¿Cómo cambiaron tus rutinas diarias después de casarte?

3. ¿Qué actividades o intereses compartías con el abuelo como recién casados?

Primer Hogar Juntos

Crear un espacio compartido es parte de construir una vida juntos. Cuéntanos sobre tu primer hogar con el abuelo: cómo era y cómo lo convirtieron en un hogar.

1. ¿Cómo era su primer hogar juntos?

2. ¿Cómo amueblaron y decoraron su primer hogar?

3. ¿Cómo dividieron las responsabilidades del hogar?

Aprendiendo a Ser Pareja

El matrimonio nos enseña cómo compartir verdaderamente nuestras vidas con otra persona. ¿Qué lecciones importantes aprendiste en esos primeros años sobre comunicación, compromiso y construir una relación sólida?

1. ¿Qué lecciones importantes aprendiste en los primeros años de tu matrimonio?

2. ¿Cómo manejaron los desacuerdos o las diferencias en sus enfoques de la vida?

3. ¿En qué crees que eran buenos como pareja?

Tradiciones Especiales

Los pequeños rituales que las parejas crean juntas a menudo se convierten en el latido de una relación. ¿Qué tradiciones o prácticas regulares ayudaron a mantener fuerte su conexión a lo largo de los años?

1. ¿Qué tradiciones o celebraciones especiales establecieron tú y el abuelo juntos?

2. ¿Cómo celebraban aniversarios u otras ocasiones significativas?

3. ¿Qué actividades o rutinas regulares ayudaron a mantener su conexión como pareja?

Superando Tormentas Juntos

Cada matrimonio enfrenta desafíos que ponen a prueba su fortaleza. ¿Qué momentos difíciles enfrentaron tú y el abuelo juntos y cómo se apoyaron cuando la vida se complicó?

1. ¿Qué desafíos significativos enfrentaron tú y el abuelo juntos?

2. ¿Cómo se apoyaron mutuamente en los momentos difíciles?

3. ¿Quién los ayudó durante los momentos complicados?

5

Manos Amorosas

¿Cómo fue convertirte en mamá, abuela? Queremos escuchar tus historias sobre criar a nuestros padres cuando eran pequeños como nosotros: los momentos divertidos, los tiempos difíciles y todas tus tradiciones especiales.

Convertirse en Mamá

El momento en que un bebé se coloca por primera vez en tus brazos lo cambia todo para siempre. ¿Qué fue lo que más te sorprendió al convertirte en madre por primera vez, y cómo se sintieron esos primeros días al dar la bienvenida a un nuevo pequeño ser en tu vida?

1. ¿Qué fue lo que más te sorprendió al convertirte en madre por primera vez?

2. ¿Cómo te preparaste para la llegada de tu primer bebé?

3. ¿Qué ayuda o apoyo tuviste durante esos primeros días de maternidad?

Filosofía de Crianza

Cada madre desarrolla su propio enfoque para criar a sus hijos. ¿Qué creencias fundamentales guiaron tus decisiones como madre y cómo supiste qué tipo de mamá querías ser?

1. ¿Cuáles eran tus creencias fundamentales sobre la crianza de los hijos?

2. ¿Qué prácticas de crianza adoptaste de tus propios padres?

3. ¿Cómo criaban a los niños en esa época?

Ritmos Diarios

*La vida familiar crea sus propias rutinas y patrones especiales.
¿Cómo eran los días típicos cuando tus hijos eran pequeños y cómo
manejabas el hermoso caos de criar a una familia?*

1. ¿Cómo era un día típico entre semana cuando tus hijos eran pequeños?

2. ¿Cómo administrabas las tareas del hogar mientras cuidabas a los niños?

3. ¿Qué rutinas para las comidas seguía tu familia?

Viendo Crecer a Tus Hijos

Cada hito en el desarrollo de un niño es un pequeño milagro para celebrar. ¿Qué "primeras veces" memorables recuerdas del crecimiento de tus hijos y cómo comenzaron a brillar sus personalidades únicas?

1. ¿Qué primeras veces memorables recuerdas de los primeros años de tus hijos?

2. ¿Cómo llevabas un registro de los 'primeras veces' y momentos especiales de tus hijos?

3. ¿Qué logros te llenaron particularmente de orgullo mientras tus hijos crecían?

Momentos Desafiantes

No todos los días de la crianza son perfectos. ¿Qué fases o situaciones difíciles enfrentaste como madre y cómo superaste los momentos más complicados?

1. ¿Cuáles fueron algunos de los comportamientos o etapas más desafiantes de tus hijos?

2. ¿Cómo manejabas los desacuerdos o conflictos entre los miembros de la familia?

3. ¿Qué estrategias te ayudaron en los momentos de crianza más difíciles?

Creando Alegría

Las familias tejen su propia magia especial en la vida cotidiana. ¿Qué tradiciones, celebraciones o placeres simples trajeron felicidad a tu familia y crearon recuerdos duraderos?

1. ¿Qué placeres simples o actividades trajeron felicidad regular a tu familia?

2. ¿Qué tradiciones o celebraciones estableciste para tu familia?

3. ¿Cómo hacías que los días ordinarios fueran especiales para tus hijos?

Cuidando de Ellos

Cuidar la salud de los hijos es uno de los trabajos más importantes de una madre. ¿Cómo manejabas todo, desde resfriados hasta preocupaciones más serias, y cómo era la atención médica en esos días?

1. ¿Cómo manejabas las enfermedades o lesiones comunes de la infancia?

2. ¿Cómo te asegurabas de que tus hijos comieran bien y se mantuvieran activos?

3. ¿Cómo era la atención médica para niños en ese entonces comparada con ahora?

Apoyando su Aprendizaje

La educación ocurre tanto en los salones de clase como en los hoga-
res. ¿Cómo apoyaste la educación de tus hijos y qué experiencias de
aprendizaje creaste más allá de la escuela?

1. ¿Qué tan involucrada estabas en la experiencia escolar de tus hijos?

2. ¿Cómo ayudabas a cada hijo con sus tareas escolares?

3. ¿Qué hacías para ayudar a tus hijos a aprender fuera de la escuela?

La Sabiduría de la Maternidad

Criar hijos nos enseña lecciones que nunca esperábamos aprender. ¿Qué verdades importantes te reveló la maternidad sobre la vida, el amor y tus propias fortalezas?

1. ¿Qué lecciones importantes te enseñó la maternidad sobre la vida?

2. ¿Qué consejo de crianza considerarías más valioso para transmitir?

3. ¿Qué descubriste sobre ti misma a través de la experiencia de criar hijos?

6

La Vida en Pleno Florecimiento

Los años intermedios traen tanto satisfacciones como desafíos, mientras los hijos crecen, las carreras evolucionan y la identidad personal se profundiza. ¿Cómo llenabas tus días cuando nuestros padres estaban creciendo? Queremos saber cómo equilibraste todo y qué hizo que esos años fueran especiales.

Conexiones Comunitarias

La vida se extiende más allá de nuestras puertas hacia los vecindarios y comunidades donde tanto recibimos como damos. ¿Qué actividades, organizaciones o causas se volvieron importantes para ti mientras tu familia crecía?

1. ¿En qué actividades comunitarias u organizaciones participaste durante tus años intermedios?

2. ¿Qué trabajos voluntarios o responsabilidades cívicas asumiste?

3. ¿Qué te motivó a involucrarte en estos esfuerzos comunitarios?

Amistades Inquebrantables

Las amistades verdaderas se adaptan y crecen a medida que nuestras vidas cambian. ¿Qué amistades caminaron a tu lado a lo largo de los capítulos de tu vida y cómo cuidaste estas conexiones importantes durante tus años ocupados?

1. ¿Qué amistades permanecieron importantes a lo largo de tu vida adulta?

2. ¿Cómo mantuviste conexiones significativas durante los años ocupados?

3. ¿Qué nuevas amistades formaste durante tus años intermedios?

Cuerpo y Espíritu

Nuestra relación con nuestro cuerpo a menudo cambia a medida que avanzamos en la vida. ¿Cómo evolucionó tu enfoque hacia la salud y el bienestar con los años y qué prácticas te ayudaron a mantenerte bien?

1. ¿Cómo cambió tu enfoque hacia la salud y el bienestar durante tus años intermedios?

2. ¿Qué desafíos de salud enfrentaste y cómo los abordaste?

3. ¿Qué te ayudó a mantenerte saludable y con energía?

Capítulos Financieros

Los años intermedios traen consideraciones financieras únicas, desde los gastos universitarios hasta la planificación de la jubilación. ¿Qué decisiones importantes relacionadas con el dinero enfrentaste y cómo aseguraste el futuro de tu familia?

1. ¿Qué metas financieras fueron más importantes durante tus años intermedios?

2. ¿Cómo manejaste los gastos importantes o las decisiones financieras?

3. ¿Qué enfoques seguiste para ahorrar o invertir?

Casa Silenciosa

Cuando los hijos comienzan a irse de casa, los padres entran en una nueva etapa de la vida. ¿Cómo cambiaron tu hogar y tus ritmos diarios a medida que tus hijos se volvían independientes, y qué desafíos u oportunidades trajo esta transición?

1. ¿Cómo cambió tu hogar a medida que tus hijos se volvieron más independientes?

2. ¿Qué nuevas actividades o intereses buscaste una vez que tus hijos crecieron?

3. ¿Cómo evolucionó tu relación con tus hijos adultos durante esta transición?

7

La Corona de la Abuela

¿Cuál es tu parte favorita de ser nuestra abuela? Nos encanta la forma tan especial en la que nos amas. Cuéntanos cómo ser abuela cambió tu vida y qué hace que nuestro tiempo juntas y juntos sea tan mágico.

Noticias de Nietos

Enterarte de que vas a ser abuela trae una ola de emociones completamente nuevas. ¿Cómo fue la primera vez que recibiste la emocionante noticia de que serías abuela y qué sentiste en ese momento tan especial?

1. ¿Cómo te enteraste por primera vez de que ibas a convertirte en abuela?

2. ¿Qué pasó por tu mente cuando escuchaste la noticia?

3. ¿Cómo te preparaste para la llegada de tu primer nieto o nieta?

Primeros Encuentros

Conocer a un nieto o nieta por primera vez es pura magia. Cuéntanos sobre la primera vez que sostuviste a cada uno de tus nietos y cómo se sintieron esos preciosos primeros encuentros.

1. ¿Dónde y cuándo conociste por primera vez a cada uno de tus nietos?

2. ¿Qué recuerdas de sostener a cada nieto o nieta por primera vez?

3. ¿Cuánto tiempo después del nacimiento pudiste conocer a cada nieto?

Nombres de Abuela

Los nombres que los nietos usan para llamarnos se convierten en términos de cariño muy especiales. ¿Cómo te llaman tus nietos y cómo surgió ese nombre especial?

1. ¿Cómo te llaman tus nietos y cómo se eligió ese nombre?

2. ¿Tenías alguna preferencia sobre cómo querías que te llamaran como abuela?

3. ¿Tus nietos tienen diferentes nombres para ti?

Tradiciones Especiales

Cada abuela y sus nietos crean conexiones únicas. ¿Qué actividades o tradiciones especiales has creado con tus nietos que ellos esperan con ansias cada vez que te ven?

1. ¿Qué actividades o tradiciones especiales estableciste con tus nietos?

2. ¿Qué comidas o golosinas se asociaron con las visitas a tu casa?

3. ¿Qué juegos o actividades te piden especialmente tus nietos cuando te ven?

Verlos Crecer

Ver a los nietos desarrollarse es quizá el mayor regalo de la vida. ¿Cómo ha sido ver a tus nietos crecer y cambiar? ¿Qué etapas te han traído más alegría?

1. ¿Qué hitos o logros de tus nietos has presenciado?

2. ¿Qué talentos especiales has visto desarrollar en tus nietos?

3. ¿Qué edad ha sido tu favorita para verlos crecer?

8

Delicias del Corazón

¿Qué te hace sonreír cuando nadie te ve, abuela? Quere-
mos saber sobre tus libros favoritos, música, pasatiempos
y talentos secretos que te hacen ser quien eres más allá
de ser nuestra abuela.

Proyectos Creativos

¿Recuerdas esas tardes tranquilas cuando tus manos estaban ocupadas creando algo hermoso? Tus proyectos creativos contaron historias de amor y paciencia. Vamos a desenterrar esos preciosos recuerdos de hacer cosas a mano...

1. ¿Qué manualidad encontrabas más relajante o terapéutica?

2. ¿Cuál es tu cosa favorita que has hecho con tus manos?

3. ¿Hubo algún regalo hecho a mano del que te sintieras especialmente orgullosa al darlo?

Conexión con la Naturaleza

El mundo natural ofrece una paz y asombro especiales. ¿Qué actividades al aire libre has disfrutado más a lo largo de tu vida y qué lugares naturales dejaron una impresión duradera en tu corazón?

1. ¿Qué actividades al aire libre o entornos naturales has disfrutado más?

2. ¿Cómo pasabas tiempo al aire libre a lo largo de los años?

3. ¿Cuál es el lugar más hermoso en la naturaleza que has visitado y qué lo hizo especial?

En el Jardín

Hay algo mágico en hacer crecer vida desde pequeñas semillas y ver cómo un jardín florece. ¿Qué experiencias has tenido con plantas y jardines, y qué te ha dado más satisfacción en tus aventuras de jardinería?

1. ¿Cuál fue la primera planta que lograste cultivar exitosamente?

2. ¿Cultivaste vegetales? ¿Cuáles eran los favoritos de tu familia?

3. ¿Tenías algún truco especial de jardinería que te pasaron de generación en generación?

Recuerdos de Cocina

Algunos de los momentos más dulces de la vida ocurren mientras se crean cosas deliciosas en la cocina. ¿Qué tradiciones culinarias o recetas han sido importantes para ti y qué platillos se convirtieron en tus creaciones emblemáticas?

1. ¿Tenías algún platillo especial que todos te pedían?

2. ¿Quién te enseñó tus secretos de cocina más preciados?

3. ¿Cuál es la cosa más inusual que cocinaste alguna vez?

Coleccionando Alegría

Las cosas que reunimos a menudo cuentan historias sobre lo que nos deleita. ¿Has coleccionado algo especial a lo largo de los años y cómo llegaron esos tesoros a tu vida?

1. ¿Qué objetos o artículos has coleccionado a lo largo de los años?

2. ¿Cómo comenzaste tu colección y cómo creció?

3. ¿Qué piezas de tu colección son más especiales para ti y por qué?

Una Vida de Lectura

Los libros abren puertas a incontables mundos e ideas. ¿Qué tipos de libros has disfrutado en los diferentes capítulos de tu vida y qué historias o autores han significado más para ti?

1. ¿Qué tipos de libros o materiales de lectura has disfrutado?

2. ¿Quién influyó en tus hábitos de lectura o te presentó libros importantes?

3. ¿Qué títulos o autores han sido particularmente significativos para ti?

Magia del Cine

Las películas crean experiencias compartidas y recuerdos duraderos. ¿Qué películas han sido significativas para ti a lo largo de los años y qué momentos especiales de cine recuerdas con más cariño?

1. ¿Tenías una estrella de cine favorita a quien admirabas?

2. ¿Qué película te hizo reír más fuerte?

3. ¿Cuál fue la experiencia cinematográfica más memorable que has tenido?

Notas Musicales

La música toca algo profundo en nuestras almas. ¿Qué canciones, artistas o experiencias musicales han acompañado los momentos más significativos de tu vida?

1. ¿Qué tipos de música disfrutas ahora? ¿Han cambiado tus gustos con los años?

2. ¿Tenías un cantante, banda o músico favorito?

3. ¿Hubo canciones que fueron especialmente significativas para ti en momentos importantes de tu vida?

Manteniéndose Activa

Mover nuestro cuerpo nos conecta con la vitalidad de la vida. ¿Qué actividades físicas has disfrutado a lo largo de tu vida y cómo han cambiado a medida que pasaron los años?

1. ¿Qué actividad te hace sentir más viva?

2. ¿Cuál es tu secreto para mantenerte flexible y fuerte?

3. ¿Alguna vez probaste alguna tendencia de ejercicio inusual?

Historias de Viajes

Explorar nuevos lugares amplía nuestros horizontes de maneras especiales. ¿Qué viajes has hecho que dejaron impresiones duraderas y qué destinos guardan los recuerdos más felices?

1. ¿Qué viajes o aventuras memorables has realizado?

2. ¿Qué lugares disfrutaste visitar más y qué los hizo especiales?

3. ¿Qué recuerdos o tradiciones trajiste de tus viajes?

Placeres en Solitario

A veces, las actividades más refrescantes son las que disfrutamos por nuestra cuenta. ¿Qué pasatiempos solitarios te han traído paz, alegría o renovación a lo largo de tu vida?

1. ¿Qué actividades has disfrutado hacer sola?

2. ¿Cómo encontrabas tiempo para ti misma cuando la vida era ocupada?

3. ¿Qué actividades en solitario te ayudan a relajarte o recargar energías?

9

Sabiduría y Sueños

Abuela, después de todas tus aventuras y experiencias, has reunido tesoros más valiosos que el oro. Comparte con nosotras y nosotros la sabiduría que has acumulado a lo largo de tu camino y las esperanzas que guardas en tu corazón para nuestro futuro.

Valores que Guían

A lo largo de tu vida, ciertos principios han guiado tus decisiones y acciones como estrellas en el cielo nocturno. ¿Qué valores fundamentales han sido los más importantes en tu viaje?

1. ¿Cuál es la lección de vida más importante que esperas que tu familia recuerde?

2. ¿Qué valores de tus padres abrazaste con más fuerza?

3. ¿Qué principio o creencia te ha traído más paz?

Sabiduría sobre las Relaciones

Las conexiones que construimos con los demás crean la verdadera riqueza de nuestras vidas. ¿Qué has aprendido sobre cómo cuidar las relaciones a lo largo de los años?

1. ¿Qué has aprendido sobre cómo mantener fuertes las relaciones familiares?

2. ¿Cómo manejabas los desacuerdos con tus seres queridos?

3. ¿Qué cualidades consideras más importantes en las relaciones cercanas?

Lecciones de los Desafíos

Las dificultades de la vida a menudo se convierten en nuestros mejores maestros. ¿Qué experiencias desafiantes te enseñaron las lecciones más valiosas y cómo encontraste tu camino en los momentos difíciles?

1. ¿Qué experiencias difíciles te enseñaron las lecciones más importantes?

2. ¿Cómo te recuperaste o reconstruiste después de grandes contratiempos?

3. ¿Qué fortalezas inesperadas descubriste durante los tiempos difíciles?

Sorpresas de la Vida

El viaje de la vida a menudo toma giros inesperados. ¿Qué aspectos de tu vida se desarrollaron de manera diferente a como imaginabas y qué alegrías aparecieron en lugares donde nunca esperaste encontrarlas?

1. ¿Qué aspecto de la vida resultó ser diferente de lo que imaginabas?

2. ¿Qué descubrimientos sobre la naturaleza humana te han sorprendido a lo largo de los años?

3. ¿Qué te ha traído alegría de maneras que nunca esperaste?

Historias No Contadas

Algunas de las historias familiares más valiosas son las que rara vez se comparten. ¿Hay experiencias o recuerdos de tu vida que aún no has tenido la oportunidad de contarnos?

1. ¿Qué historias o historias familiares podrían perderse si no se comparten ahora?

2. ¿Hay algún objeto familiar con una historia especial?

3. ¿Qué misterio familiar te gustaría resolver?

Salud y Felicidad

Mantener el bienestar implica sabiduría acumulada a lo largo de muchos años. ¿Qué prácticas o enfoques te han ayudado a mantenerte saludable en cuerpo, mente y espíritu a lo largo de tu vida?

1. ¿Cuál es tu secreto para mantenerte saludable?

2. ¿Qué te ayuda a mantenerte feliz y positiva?

3. ¿Cómo manejaste el estrés en diferentes momentos de tu vida?

Sueños para el Futuro

La vida sigue desarrollándose con nuevas posibilidades a cualquier edad. ¿Qué sueños o metas aún esperas perseguir y qué experiencias aún te traerían alegría?

1. ¿Qué metas o sueños quieres seguir cumpliendo?

2. ¿Hay algún lugar que aún te gustaría explorar?

3. ¿Cómo te gustaría sorprenderte a ti misma en el futuro?

Esperanzas para el Mañana

Cada generación construye sobre la base que dejaron quienes vinieron antes. ¿Qué esperanzas guardas para tus nietos y las generaciones que les seguirán?

1. ¿Qué deseas para el futuro de tus nietos?

2. ¿Qué consejo darías para ayudar a las generaciones futuras a construir vidas plenas?

3. ¿Qué cambios en el mundo esperas ver en la vida de tus descendientes?

Más Historias por Coleccionar

Cada padre y abuelo guarda un tesoro de recuerdos esperando ser compartidos. Nuestros libros de recuerdos bellamente diseñados ayudan a capturar estas historias preciosas antes de que se pierdan con el tiempo.

Nuestra Serie de Historias Familiares

| Historia de Papá | Historia de Mamá | Historia de Abuelo | Historia de Abuela |

Disponible en:

• Amazon

• Principales librerías en línea

Regala un obsequio que se vuelve más valioso con el tiempo, porque la historia de cada miembro de la familia merece ser contada, compartida y atesorada.

.

www.ingramcontent.com/pod-product-compliance
Lightning Source LLC
Chambersburg PA
CBHW051327120626
46547CB00015B/2426